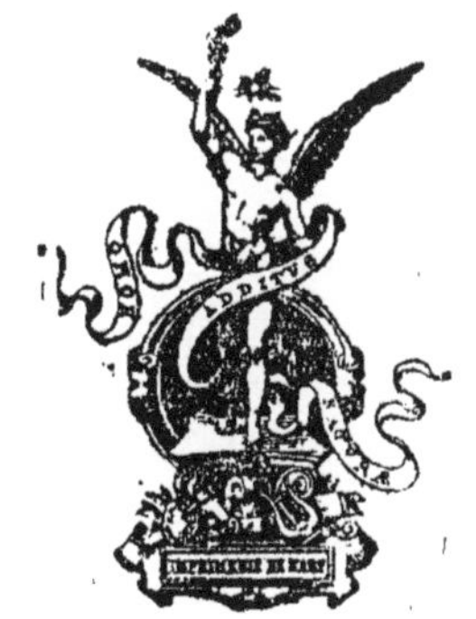

VENTE DES VENDREDI 16 & SAMEDI 17 MAI 1890

HÔTEL DROUOT, SALLE Nº 4

COLLECTION DE M. PAUL GASNAULT

(PREMIÈRE PARTIE)

PORCELAINES DE LA CHINE

ET DU JAPON

PORCELAINES EUROPÉENNES

Faïences

EXPOSITION PUBLIQUE

Le Mercredi 14 Mai 1890

Mᵉ PAUL CHEVALLIER

COMMISSAIRE-PRISEUR

10, rue Grange-Batelière, 10

M. CHARLES MANNHEIM

EXPERT

7, rue Saint-Georges, 7.

CATALOGUE

DES

PORCELAINES DE CHINE

Porcelaines et Poteries du Japon

Porcelaines françaises de Vincennes, Sèvres, Saint-Cloud, Chantilly,
Mennecy, Paris, Marseille

Porcelaines d'Allemagne, Angleterre, Italie et Espagne

FAIENCES DIVERSES

GRÈS

Étoffes — Objets variés

Provenant de la Collection de M. Paul Gasnault

ET DONT LA VENTE AURA LIEU

HOTEL DROUOT, SALLE N° 4

Les Vendredi 16 et Samedi 17 Mai 1890

à 2 heures

Mᵉ Paul CHEVALLIER	M. Charles MANNHEIM
COMMISSAIRE-PRISEUR	EXPERT
10, rue de la Grange-Batelière, 10	7, rue Saint-Georges, 7.

EXPOSITION PUBLIQUE

Le Mercredi 14 Mai 1890, de 1 heure à 5 heures 1/2

CONDITIONS DE LA VENTE

Elle sera faite au comptant.

Les acquéreurs payeront, en sus des adjudications, *cinq pour cent* applicables aux frais.

L'Exposition mettant le public à même de se rendre compte de l'état des objets, il ne sera admis aucune réclamation une fois l'adjudication prononcée.

Paris. — Imp. de l'Art, E. Ménard et Cⁱᵉ, 41, rue de la Victoire.

DÉSIGNATION DES OBJETS

CÉRAMIQUE CHINOISE

FABRICATIONS EXCEPTIONNELLES

1 — Tcheou-Laô, Dieu de la longévité, accroupi, tenant un sceptre de la main droite, et la main gauche appuyée sur le genou. Céladon vert truité ; sur le côté droit, une tache en rouge de cuivre.

2 — Kouan-In debout sur un rocher, les deux mains réunies et tenant de la droite un rouleau, de l'autre, un chapelet ; couverte céladon gris ; les chairs sont réservées en biscuit.

3 — Coupe creuse à bord plat, couverte céladon gris verdâtre ; au fond, deux poissons en relief et réservés en biscuit.

4 — Petit vase bursaire aplati à deux petites anses tubulaires et portant, sur les faces et les côtés, des arêtes saillantes. Flambé rouge et bleu.

5 — Grande bouteille de forme persane, à long col renflé et godronné autour de l'ouverture ;

deux dragons en ronde bosse serpentent le long
du col ; couverte céladon vert truité.

6 — Petit vase turbiné, à col évasé et ouverture
cylindrique ; céladon gris à grandes craquelures,
décoré en émaux de la famille verte, de pampres
et de grappes de raisin sur lesquels courent des
loirs.

7 — Bol hémisphérique à bord lobé, céladon gris
verdâtre truité, décoré en émaux de la famille
verte ; au pourtour, huit compartiments occupés
alternativement par des inscriptions et par des
branches fleuries portant des oiseaux ; à l'intérieur, bordure quadrillée à quatre réserves
d'objets sacrés ; au fond, une fleur.

8 — Gobelet ovoïde, à double paroi ; la paroi extérieure, composée de branchages feuillus, est
ajourée. — Blanc de Chine.

9 — Tasse hémisphérique analogue. — Blanc de
Chine.

10 — Tasse à huit lobes et bord légèrement évasé,
décorée en relief de trois branches de pêcher
fleuri. — Blanc de Chine.

11 — Petite coupe ovale, lobée, à quatre petits
pieds formés par l'extrémité de tiges fleuries
dont les feuillages enveloppent la base de la
coupe. — Blanc de Chine.

12 — Petite coupe oblongue à huit pans, décorée de fleurs en bas-relief; au centre, se tient debout une petite figurine de *Pou-Taï*. — Blanc de Chine.

13 — Groupe composé d'un rocher, avec végétation, à l'ombre duquel deux personnages accroupis jouent sur une sorte de damier; près d'eux, un serviteur debout. — Blanc de Chine.

14 — Petite coupe en forme de corne de rhinocéros, ornée de branchages fleuris et d'animaux en relief. — Blanc de Chine.

15 — Petit coupe campanulée, décorée au pourtour d'une bande ajourée de fins réseaux et de rosaces; culot godronné. — Porcelaine blanche.

16 — Bol campanulé à couverte jaune impérial. — En dessous, la date de *Young-Tching* (1723-1736).

17 — Petit bol de même forme, à couverte jaune, décoré, au pourtour, de dragons volant dans les nuages, au-dessus des flots de la mer. — En dessous, la date de *Siouen-Te* (1426-1435).

18 — Bouteille à corps sphérique et col légèrement évasé, à côtes; sur la panse, au point d'attache du col, bordure de lambrequins en relief. — Porcelaine frottée d'or.

19 — Petite auge quadrangulaire à deux anses en aileron. — Porcelaine frottée d'or.

20 — Tasse campanulée et soucoupe plate à bord relevé et évasé, et portant au centre un filet saillant circulaire destiné à retenir la tasse. — En dessous, la date de *Tching-Hoá* (1465-1488). — Porcelaine frottée d'or.

21 — Tasse campanulée et soucoupe fond rouge de fer, décorées en or de bordures et groupes d'objets sacrés.

22 — Bouteille à corps sphéroïdal et col évasé renflé à l'ouverture, à couverte marbrée de blanc, de jaune, de vert et de violet de manganèse, décorée de personnages en manganèse.

23 — Boîte à thé ovoïde, à partie supérieure rentrante et ouverture en saillie fermée par un couvercle plat en ivoire. Couverte marbrée de blanc, de jaune, de vert et de violet de manganèse.

24 — Compotier à couverte entièrement brune; décor exécuté en Hollande, à la meule, et apparaissant en blanc, de minces branchages à feuillage léger, dont les tiges entrecroisées encadrent un sujet central : un amour sur terrasse, et tenant un marteau à la main, confectionne un tonneau; au-dessous, l'inscription : *Die liebe hælt alles zuzammen* (l'amour réunit tout).

25 — Deux petites potiches couvertes, à pieds élargis, à corps côtelé en spirale; décor en

relief de branchages fleuris et bordures de dents de loup. — Terre rouge de Bocaro.

26 — Tcheou-Laô debout, en longue robe ouverte sur la poitrine et le ventre ; il se caresse la barbe de la main droite, et tient, de la gauche, une pêche de longévité. — Terre émaillée en brun noirâtre.

27 — Personnage debout, en robe à larges manches, sous lesquelles il tient ses mains réunies ; il porte, appuyé de son bras gauche, contre sa poitrine, une sorte de rouleau. — Terre émaillée en brun noirâtre.

BLEUS

28 — Bouteille ou surahé à panse sphéroïdale et col cylindrique : sur le goulot, des feuilles d'eau séparées par des pointes ; au-dessous, des outres suspendues par des rubans ; plus bas, bordure de rinceaux fleuris surmontant une bordure plus étroite à quatre réserves inscrites de vers persans : *Bois du vin ! on ne se sépare pas des amis dans la souffrance. Donne-moi la surahé !* Sur le corps, quatre médaillons circulaires renfermant des dragons et séparés par un fond de bâtons rompus gravés dans l'émail.

29 — Bouteille de même forme et à décor analogue

au col ; sur la panse, la même inscription que ci-dessus, inscrite dans quatre médaillons.

30 — Bouteille de forme persane, à goulot renflé auprès de l'ouverture ; décor de rinceaux fleuris se détachant en réserve sur un fond bleu.

31 — Vase d'applique en forme de gourde, à deux renflements et piédouche ; sur le renflement inférieur, une audience impériale ; sur l'autre, des oiseaux dans un paysage aquatique. — Au revers, dans un cartouche quadrangulaire supporté par une fleur de nelumbo, Niennhao à six caractères à la date de *Wan-li* (1573-1620).

32 — Deux cornets cylindriques à ouverture légèrement évasée et coupés horizontalement par des nervures saillantes leur donnant la forme de la tige du bambou ; décor de bambous portant des oiseaux.

33 — Pi-tong à couverte bleue, et décor, enlevé à la pointe, de dragons parmi des nuages, au-dessus des flots de la mer. — En dessous, la date de *Tching-Hoá* (1465-1488).

34 — Aiguière de forme persane, à couvercle plat surmonté d'un bouton, à couverte bleu fouetté, et décorée en or de fong-hoangs ornemanisés ; sur le col, le caractère *Cheou* (longévité) deux fois répété.

35 — Petit vase à corps surbaissé et col cylindrique

à bague saillante ; couverte bleu empois, sur laquelle sont tracés des dragons en bleu plus foncé ; en haut du col, quatre variantes du caractère *Cheou*.

36 — Petit vase à corps sphérique côtelé, piédouche et col cylindrique à ouverture évasée, décoré en bleu plus foncé ; sur le col, un dragon et des objets sacrés ; sur l'épaulement, le caractère *Cheou* quatre fois répété, alternant avec le caractère *Fou*. — En dessous, la date de *Tching-Hoa* (1465-1488).

37 — Deux chauffe-mains en forme de brique rectangulaire, à quatre petits pieds, et portant, en dessous, une ouverture quadrangulaire ; sur la face, un sujet hiératique ; au revers, un paysage avec fabriques et cours d'eau ; sur les côtés et le dessus, des fleurs.

38 — Aspersoir à corps sphérique et goulot conique renflé à la base ; la partie inférieure est émaillée en brun feuille morte ; la partie supérieure, décorée de vases sacrés, tiges fleuries, etc., en bleu sous couverte ; entre deux, bande en craquelé chamois.

39 — Deux bouteilles à deux déversoirs tubulaires inclinés et contrariés, à corps ovoïde et côtes en spirale décorées de guirlandes.

40 — Aiguière à anse et déversoir, de forme européenne, à décor de vases et objets sacrés.

41 — Broc cylindro-conique décoré au pourtour
d'un paysage avec personnages ; au sommet et à
la base, étroites bordures ornementales.

42 — Deux petits vases à corps et col cylindriques,
à six côtes, et ouverture très évasée ; sur chaque
côte, une tige fleurie ; sur l'épaulement, des
objets sacrés. — En dessous, la date de *Tching-
Hoä* (1466-1488).

43 — Plat creux à bord évasé, fond bleu de nuages,
décoré, en réserve, de deux grands dragons
serpentant autour de la foudre. — Marque : la
pierre sonore.

44 — Deux plats à marli, portant une bordure quadrillée à quatre réserves contenant des groupes
de pêches ; au fond, sur l'un, un intérieur sou-
tenu par des colonnes, où l'on voit un personnage agenouillé sur un tapis ; devant lui, une
femme accroupie ; sur l'autre, le seuil d'un pavillon, où l'on accède par une marche qu'un
enfant est occupé à balayer sous la surveillance
d'un personnage debout, placé à l'intérieur. —
En dessous, la date de *Tching-Hoä* (1465-1486).

45 — Deux plats creux fond bleu, à décor de dragons émaillés en vert. — En dessous, la date de
Kang-Hij (1662-1723).

46 — Très grand plat décoré en plein : vue, à vol
d'oiseau, d'une ville maritime fortifiée, située

au pied d'une montagne ; au premier plan, des récifs avec constructions et des embarcations ; au sommet, une banderole portant : *Destad Eymocy*.

47 — Plateau à bord plat, décoré d'une bordure de zigzags semée de fleurs de pêcher ; au fond, un dragon et une carpe issant des flots de la mer. — En dessous, la date de *Siouen-Te* (1426-1436).

48 — Assiette à bordure quadrillée coupée par quatre réserves contenant des groupes de pêches ; au fond, un jeune homme s'incline devant une femme debout, dans un jardin, près de l'entrée d'une habitation. — En dessous, la date de *Kang-Chi* (1661-1722).

49 — Deux assiettes à bord lobé, portant, sur le marli, de grandes fleurs ornementales, au fond, une fleur analogue, dans une étoile à six pointes se détachant sur un fond de quadrillages. — Marque : un Ting à quatre pieds.

50 — Petite assiette à marli ajouré de demi-rosaces, portant quatre petits médaillons de fleurs ; au centre, une fleur de chrysanthème entourée de branchages fleuris se détachant en réserve sur un fond bleu.

51 — Boîte oblongue à extrémités triangulaires et côtés échancrés ; sur le couvercle, un dragon ; sur les côtés, des grues volant dans les nuages.

52 — Grand bol hémisphérique décoré au pourtour
d'une frise de fleurs et feuillages en relief et
dorés ; aux bords intérieur et extérieur, bordure de rinceaux fleuris ; au fond, grand médaillon circulaire de fleurs ornementales, encadré d'une bordure dorée à quadrillages et quatre
réserves d'objets sacrés.

53 — Bol hémisphérique à bord festonné et culot
godronné ; au pourtour, douze figures de divinités placées sur des nuages et tenant des attributs ; au-dessous, sur chaque godron, des tiges
fleuries ; au fond, Tcheou-Lao portant la pêche.
— En dessous, inscription à six caractères :
Ting de rare et extraordinaire pierre précieuse.

54 — Bol campanulé, décoré de rinceaux entrelacés
à grandes fleurs ornementales, accompagnés
d'une variante six fois répétée du caractère
Cheou ; au fond, motif décoratif analogue à la
décoration extérieure. — En dessous, la date de
Tching-Hoá (1465-1488).

55 — Bol convolvulacé, décoré à la base d'une bordure de rinceaux entrelacés et portant des
pêches de longévité ; au-dessus, le caractère
Cheou six fois répété ; au fond, une pêche de
longévité dans un médaillon quadrangulaire.
— En dessous, la date de *Kang-Chi* (1661-1722).

56 — Bol légèrement campanulé et très évasé, dé-

coré de dragons planant au milieu de nuages et de la foudre, au-dessus des flots de la mer ; au fond, une carpe issant des flots. — En dessous, un ling-tchy.

57 — Bol hémisphérique à bord légèrement évasé, ombilic et bordure de bâtons rompus profondément gravés ; au pourtour, quatre groupes de fleurs ; à l'intérieur, quatre figures de femmes portant un panier fleuri suspendu à un long bâton ; autour de l'ombilic, bordure d'objets sacrés.

58 — Bol campanulé à bordures de bâtons rompus ; au pourtour, quatre bouquets de fleurs ornementales ; au fond, un bouquet analogue. — En dessous, une rosace.

59 — Bol hémisphérique, décoré au pourtour de quatre médaillons de personnages se détachant sur un fond composé de nombreux caractères *Cheou* (longévité) disposés en quinconce ; au fond, dans un médaillon, Tcheou-Laô nimbé et porté par une grue au-dessus des flots de la mer. — En dessous, la date de *Tching-Hoâ* (1466-1488).

60 — Bol hémisphérique, décoré extérieurement d'un fond de quadrillages sur lequel se détachent deux grands médaillons oblongs occupés par des scènes familières polychromes, décor dit à

mandarins ; à l'intérieur, bordure alvéolée ; au fond, un bouquet polychrome.

61 — Petite tasse campanulée et soucoupe plate à bord relevé et évasé, pourvue au centre d'un filet saillant circulaire pour retenir la tasse ; fond bleu fouetté décoré en or de dragons et d'emblèmes ; au bord de la soucoupe, bordure de lambrequins.

62 — Tasse campanulée et soucoupe évasée, fond bleu fouetté décoré en réserve de fleurs de pêcher semées ; traces de dorure.

63 — Tasse campanulée et soucoupe ; décor extérieur céladon à fines gravures ; intérieur blanc à bordure, couronne et fleur centrale en bleu sous couverte.

64 — Tasse campanulée à double paroi ; l'enveloppe extérieure, réticulée, est composée d'un fond d'alvéoles et de trois rosaces ajourées ; le décor qu'elle recouvre consiste en branchages fleuris ; au fond, motif analogue ; bordure de quadrillages et de rosaces.

65 — Tasse campanulée à paroi ajourée, portant cinq médaillons circulaires pleins et décorés de fleurs.

66 — Tasse campanulée à fond de bâtons rompus gravés, portant cinq médaillons circulaires ornés de paysages.

67 — Tasse gobelet et soucoupe en porcelaine mince, à bordures de rosaces et décor de tiges fleuries.

FAMILLE VERTE

68 — Cheou-Laô debout sur un rocher battu par les flots de la mer; il tient sur sa main droite un rouleau bleu et porte une robe jaune pâle semée de caractères *Cheou* (longévité), émaillés en vert, retombant sur une longue jupe fond lilas semée de fleurs de pêcher bleues et vertes. — Porcelaine émaillée sur biscuit.

69 — Deux figurines : Homme et Femme à cheval. — Porcelaine émaillée sur biscuit en blanc, vert, jaune d'ocre et violet de manganèse.

70 — Théière en forme de carpe issant des flots de la mer. — Porcelaine émaillée sur biscuit en blanc, vert, jaune et violet de manganèse.

71 — Tasse campanulée et soucoupe entièrement émaillées en vert, décoré des flots de la mer, tracés en noir et portant des coquillages et autres emblèmes sacrés, en blanc, jaune et violet de manganèse. — Porcelaine émaillée sur biscuit.

72 — Deux brûle-parfums en forme de balustre

ajourés à la base et au col et décorés de fleurs
ornementales et d'objets sacrés sur un fond de
quadrillages rouges.

73 — Paire de vases lobés en forme de balustre
légèrement aplati, et à ouverture très évasée;
décor de lambrequins à quatre pointes et à
fonds mosaïques variés, d'où pendent des cordons; entre deux, quatre tiges fleuries dressées;
à la base et à l'ouverture, bordures mosaïques à
quatre réserves de fleurs.

74 — Bol campanulé très évasé, polygonal, à bord
lobé et légèrement relevé, décoré, à l'intérieur,
de deux fong-hoangs volant au milieu des
nuages séparés par un motif ornemental composé d'une rosace entourée de rinceaux; au
fond, un panier fleuri; au pourtour intérieur, des
vases et des attributs. — Marque : une rosace.

75 — Bol hémisphérique à huit lobes et son plateau, décorés, sur chaque lobe, alternativement
de vases sacrés et d'un fond bleu fouetté sur
lequel se détache une branche fleurie en or; au
fond du bol et au centre du plateau, une rosace
à huit pointes; à l'intérieur du bol et au revers
du plateau, des tiges fleuries. — Marque : un
losange accompagné de quatre points.

Le plateau porte en outre un numéro gravé
en creux indiquant que cette pièce a appartenu
au musée de Dresde.

76 — Deux petites assiettes décorées, au centre, d'un dragon au milieu des nuages, disposé en médaillon circulaire; sur le marli, des objets sacrés. — En dessous, la date de *Siouen-Tc* (1426-1436).

77 — Assiette creuse à bord évasé festonné et doré, à médaillon central contenant une femme à cheval accompagnée d'un porte-étendard; ce médaillon est encadré d'une bordure dentelée à compartiments ornés alternativement de guerriers dans diverses attitudes, de fonds partiels quadrillés avec rosace, et de tiges fleuries.

78 — Assiette creuse à bord évasé, à rosace centrale crucifère autour de laquelle sont disposés quatre médaillons arrondis et terminés en ogive contenant des arbrisseaux fleuris, et séparés par une fleur ornementale à feuillages symétriques. — Marque : une sorte de pomme de pin.

FAMILLE ROSE

79 — Kouan-In debout en longue robe retombant sur ses pieds nus, semée de bouquets en émail blanc rosé et bordée d'un galon brun et or; sur cette robe, retombe un ample manteau blanc à bordure analogue, recouvert lui-même par les plis d'un voile émaillé en bleu et orné de nuages

noirs, placé sur la tête de la déesse et retombant sur les épaules ; elle porte au cou un collier dont les pendeloques couvrent sa poitrine ; ses deux mains sont réunies devant elle et elle tient de la gauche un petit vase d'or renversé.

80 — Assiette creuse à bordure mosaïque pavée en bleu et rouge sur fond émaillé gris pâle, à quatre réserves de fleurs et de fruits ; sur la chute, bordure quadrillée de noir et rouge sur fond rose ; au fond, un paysage avec grands arbres coupés par des bandes de nuages et entourant une riche habitation placée sur terrasse et au devant de laquelle courent des cavaliers. Revers rouge d'or. — Porcelaine mince dite coquille d'œuf.

81 — Assiette creuse à riche bordure mosaïque pavée en rose et noir à trois réserves de fleurs alternant avec trois cachets composés de dragons d'or sur fond noir ; sur la chute, étroite bordure quadrillée de noir à trois réserves de rinceaux d'or ; au fond, une femme assise dans un intérieur meublé de vases et d'étagères ; devant elle, deux enfants dont l'un lui présente un vase de fleurs. — Porcelaine coquille d'œuf.

82 — Assiette creuse à bordure mosaïque rose pavée de noir et de bleu, à trois réserves de fleurs alternant avec trois cachets contenant des va-

nilles noires à filets d'or ; au fond, près d'un
rocher entouré de fleurs, une jeune fille debout,
gardant des moutons, place une rose dans ses
cheveux ; près d'elle, une autre jeune fille tenant
au bras un panier de fleurs et de fruits. — Porcelaine coquille d'œuf.

83 — Petit plateau à bord relevé ; au fond, une
scène familière : deux femmes debout, dont
l'une appuyée sur une table, portant un vase de
fleurs et des fruits, et un enfant tenant un
sceptre, regardent un combat de coqs. — En
dessous, la date de *Young-Tching* (1723-1736).

84 — Assiette portant sur le marli une double bordure émaillée, la première de rinceaux noirs sur
fond vert d'eau ; la seconde, mosaïque pavée
noir et rouge sur fond lilas, à quatre réserves
de rinceaux et fleurons d'or ; sur la chute, bordure quadrillée noir, à quatre réserves de rinceaux émaillés en bleu ; au fond, dans un
paysage, un personnage chevauchant sur un
mouton, accompagné d'un serviteur.

85 — Assiette à bordure émaillée bleu pâle, quadrillée de noir, à trois réserves de rinceaux noir
et or ; riche contrebordure de rinceaux feuillus en or cerné de noir, formant des festons et
encadrant le sujet central : un jardin en terrasse où deux femmes debout tiennent des
écrans ; près d'elles, une table et des vases.

86 — Compotier à large bordure mosaïque cloutée
de noir sur fond vert d'eau, à douze réserves
ovales contenant des fleurs et des papillons en
couleurs avec rehauts d'or ; au fond, un jardin
avec charmille en forme de pavillon à dôme, couronné de boules, dans lequel se trouvent deux
femmes ; autour, jouent quatre enfants ; sur le
devant, un étang avec des canards.

87 — Compotier décoré en plein de grandes tiges
fleuries de pivoines, de chrysanthèmes et de
roses. — En dessous, un numéro en creux indiquant la provenance du musée de Dresde.

88 — Tasse campanulée et soucoupe à fond plein
émaillé rouge d'or, sur lequel se détachent en
blanc des tiges de bambou enlevées à la pointe.

89 — Tasse campanulée et soucoupe à fond plein
émaillé rouge d'or ; médaillons en réserve avec
fleurs d'or rehaussé de rouge.

90 — Tasse campanulée et soucoupe à fond plein
d'or clathré, à médaillons contournés encadrés
de filets verts et contenant des fleurs ; au fond
de la soucoupe, un coq sur un rocher fleuri.

91 — Tasse campanulée et soucoupe à bordure mosaïque pavée d'encre de Chine, à trois cachets
d'or : la Déesse des mers, portant un sceptre,
vogue sur les flots, montée sur une rose et

accompagnée d'une suivante qui porte une corbeille de fleurs et de cédrats.

92 — Tasse campanulée et soucoupe à décor encre de Chine ; bordure mosaïque pavée, à trois réserves de rinceaux d'or : une déesse portant au bout d'une lance à fer d'or une corbeille remplie de lyng-tchy d'or et suivie d'une jeune fille tenant dans ses bras une urne couverte, à grandes craquelures.

93 — Tasse campanulée et soucoupe : un homme, coiffé d'un large chapeau, voyage sur un âne, accompagné d'un enfant et suivi d'un serviteur, qui porte ses bagages aux extrémités d'un bâton posé sur son épaule.

94 — Tasse convolvulacée à décor divisé en huit compartiments encadrés de mosaïques et contenant alternativement des paysages, des animaux et des fleurs ; au fond de la tasse et de la soucoupe, une scène familière.

95 — Tasse campanulée et soucoupe décorées en noir et or rehaussé de rouge ; bordures de bâtons rompus et demi-rosaces ; groupes de vases et objets sacrés placés dans des réserves en forme de feuilles et se détachant sur un fond de branchages fleuris parmi lesquels volent des chauves-souris.

96 — Tasse campanulée et soucoupe décorées en

plein d'un sujet champêtre : dans une barque, un enfant apporte à manger à des canards ; sur le rivage, sa mère étend du linge ; à l'ombre d'un saule, un pêcheur vend son poisson à une dame ; bordure mosaïque pavée à trois réserves de fleurs.

97 — Tasse campanulée et soucoupe à bordure noire quadrillée ; décor de coqs à crête rouge, peints en argent, or et noir, et perchés sur des rochers émaillés en bleu, d'où partent des tiges de pivoines et de marguerites.

98 — Tasse campanulée et soucoupe décorées de bordures mosaïques pavées émaillées vert d'eau, noir et brun, à trois réserves de fleurs ; décor de fleurs et fruits polychromes, sur lesquels volent des papillons laqués noir et or, disposé en ceinture autour de la tasse et en médaillon au fond de la soucoupe.

99 — Tasse convolvulacée et soucoupe décorées en plein de paysages en encre de Chine ; bordures de rinceaux fleuris en or. — En dessous, la date de *Young-Tching* (1736-1795).

100 — Bol campanulé ; au pourtour, les huit immortels, rassemblés sur une hauteur, reçoivent Tcheou-Lao, qui se dirige vers eux volant sur le dos d'une grue ; au fond, la déesse Sin-Ko, assise sur un rocher, tenant de la main droite

un sceptre d'où s'échappe une légère vapeur,
dans la direction d'une pêche de longévité placée au bord du vase.

101 — Bol hémisphérique décoré de trois groupes
de fruits : grenades, pêches et alkékanges. —
En dessous, la date de *Kien-Long* (1736-1795).

COMMANDES D'EUROPE

102 — Statuette de femme hollandaise portant une
coiffure à oreille, une large collerette godronnée, un manteau émaillé bleu à rosaces gravées,
dont les plis flottants laissent à découvert le devant du corsage lacé; jupe rose retombant sur
les pieds et en partie recouverte par un tablier
vert d'eau orné de nuages tracés en noir.

103 — Bouteille piriforme à col à renflement sphérique placé au-dessous de l'évasement de l'ouverture; sur chaque face, un écu à trois têtes
d'éléphants, timbrée d'un casque à lambrequins
rouges doublés de blanc, et à cimier formé par
une tête d'éléphant; au-dessous du renflement,
légère bordure de fleurons; autour de l'ouverture, des guirlandes, volutes, etc., en noir et or.

104 — Pot à eau bursaire à anse en S, déversoir en
bec et culot godronné et cuvette octogone oblong,

à bord évasé et culot godronné, décorés en émaux de la famille verte; sur le marli, étroite bordure dorée rappelant les dispositions du collier du Saint-Esprit, au-dessus de coupes de cédrat et petits médaillons à éventails et à fleurettes; sur la chute, large bordure fleuronnée composée de rinceaux fleuris en or et coupée par quatre réserves renfermant le double L de Louis XIV; au fond, l'écu de France timbré de la couronne royale et entouré des colliers des ordres du roi; sur le pot à eau, décoration analogue; monture moderne en argent doré.

105 — Assiette décorée en émaux de la famille verte avec rehauts d'or; sur le marli, étroite bordure de rinceaux dorés, au-dessus de bouquets alternés; sur la chute, bordure de fleurons dorés; au fond, dans un riche cartouche surmonté de la couronne de prince du sang, un écu ovale, posé sur une ancre et entouré des colliers des ordres du roi, portant les armes du comte de Toulouse, grand-amiral de France.

106 — Assiette décorée en noir et or sur le marli, étroite bordure quadrillée noire et trois branches de pêcher fleuri; sur la chute, seconde bordure coupée par quatre réserves de fleurs; au fond, un écu aux armes des *Reverhorst*, timbré d'un casque entouré de lambrequins bleu et or.

107 — Assiette à bord relevé et légères bordures

laurées d'or sur fond émaillé bleu ; au fond, un écu timbré d'un bandeau surmonté d'une tête de licorne traversant une couronne ; au-dessous, deux palmes vertes en sautoir reliées par une banderole portant : *Pax et Copia*.

108 — Grand compotier à bord festonné, décoré d'étroites bordures concentriques en couleurs et or ; au fond, une tête de Minerve casquée, en grisaille sur fond rose ; vers le bord, un écu armorié, dans un médaillon ovale fond rose.

109 — Assiette portant les armes de la Hollande, en couleurs vives où domine le carmin ; sur le marli, au-dessous d'un large filet strié, l'inscription : *Concordia res paræ crescunt. 1728.*

110 — Assiette à légère bordure dentelée dorée ; sur le marli, quatre fleurettes ; au fond, deux écus timbrés de casques couronnés, à lambrequins et suspendus parallèlement à des nœuds de rubans lilas.

111 — Compotier à bordure de quadrillages rouges festonnée d'or et couleurs ; au fond, dans un cartouche composé de volutes et de feuilles d'acanthe, deux écus d'alliance suspendus par un ruban bleu et surmontés d'une couronne.

112 — Assiette à bord doré et lobé, à décor polychrome rehaussé d'or ; au fond, un bouquet de fleurs ; autour, double guirlande de fleurettes

***

s'interrompant pour entourer un cartouche placé sur le marli supporté par deux lions, surmonté d'une couronne de comte et contenant un écu armorié.

113 — Assiette à bord doré et lobé, à décor polychrome; sur le marli, légère guirlande de fleurs; au fond, un grand cartouche rocaille contenant deux écus d'alliance et surmonté d'une couronne.

114 — Assiette à marli décoré d'ornements architectoniques de style Louis XIV en noir et or; au fond, en couleurs, un écu armorié, timbré d'une couronne et supporté par un lion et un griffon, le tout posé sur un cul-de-lampe doré composé de deux volutes recouvertes d'une housse quadrillée.

115 — Assiette décorée en bleu sous couverte; sur le marli, quatre groupes de vases et de fleurs; sur la chute, une délicate guirlande; au fond, en couleurs, un écu écartelé, supporté par un lion et un griffon d'or et timbré d'un casque à lambrequins portant comme cimier un cygne d'argent.

116 — Assiette à bordure filigranée d'or; au fond, dans un encadrement fleuronné d'or, un sujet en grisaille : Jupiter apparaissant à Sémélé.

117 — Assiette à bordure de rinceaux et coquilles et seconde bordure fleuronnée en or; au fond,

dans un médaillon encadré d'un filet d'or, sujet en grisaille : Jupiter et Junon.

118 — Assiette à bord festonné et légères bordures fleuronnées d'or, portant, sur le marli, quatre tiges fleuries d'or alternant avec un écu armorié et timbré d'un casque à lambrequins en couleurs et un chiffre enlacé d'or ; au fond, dans un médaillon circulaire, sujet en grisaille : un festin, servi dans une salle à arcades décorée de guirlandes.

119 — Plat long du même service.

120 — Assiette décorée en bleu, rouge et or, à marli portant une bordure de paysages coupée par quatre réserves contenant des fleurons ; au fond, deux écus dont l'un ovale timbrés de casques à lambrequins. — Japon.

121 — Assiette à marli décorée d'une bordure à rinceaux fleuris en couleurs sur fond d'or, coupée par un médaillon, en losange fond vert vermicellé de noir, et portant un écu armorié ; au fond, des rinceaux fleuris entourant un médaillon central en bleu, rouge et or. — Japon.

122 — Compotier à bord festonné et lobé décoré en bleu sous couverte ; au centre, médaillon à huit pointes, contenant un écu armorié timbré d'un casque à lambrequins, le tout en réserve sur

fond bleu; autour, dans chaque compartiment lobé, des fleurs et des papillons. — Japon.

123 — Tasse hémisphérique et soucoupe décorées en bleu sous couverte de bordures et tiges fleuries de pivoines et portant un cartouche armorié, en or et rouge, timbré d'une couronne de marquis et portant : d'or à un écureuil au naturel.

124 — Tasse hémisphérique et soucoupe à filet d'or; décor plein, représentant Don Quichotte et Sancho-Pança.

125 — Tasse hémisphérique et soucoupe à bordures filigranées d'or et portant, dans un médaillon circulaire, le portrait à mi-corps d'une dame en costume Louis XV.

126 — Tasse campanulée et soucoupe à bordure de rinceaux et rosaces d'or à trois réserves de fleurs émaillées en bleu; décor comprenant, d'un côté, le portrait d'une dame en costume Louis XV, sous un rideau rose, sur un fond de paysage; de l'autre, un groupe de fleurs et de fruits; de grands rinceaux à fleurs d'or séparent les deux parties de la composition.

127 — Tasse campanulée et soucoupe à bordures de rinceaux et fleurs d'or; portant, en encre de Chine, le portrait de saint Ignace de Loyola; il est debout, la tête nimbée devant une sorte d'au-

tel, sur lequel sont placés un livre et un encrier, et tient la main droite levée dans le geste de la bénédiction ; la gauche est posée sur un livre portant : *Ad Majorem Dei Gloriam ;* son regard est fixé sur un nuage flamboyant au-dessus de l'autel.

128 — Tasse hémisphérique et soucoupe à filets d'or, décorées d'un fond de rinceaux fleuris en bleu sous couverte, sur lequel se détachent des médaillons lobés, représentant le bord de la mer avec des pêcheurs vendant leur poisson.

129 — Tasse campanulée et soucoupe décorée en bleu sous couverte; bordure alvéolée; sujet plein représentant Neptune tenant le trident debout sur son char conduit par des dauphins et entouré de tritons et de nymphes.

130 — Tasse campanulée et soucoupe fond céladon bleu empois; au fond, un bouquet de fleurs polychrome dans un médaillon à bords découpés, cernés par un filet d'or et se détachant sur un fond de légers rinceaux pourpres.

CÉRAMIQUE JAPONAISE

131 — Figurine de femme japonaise, formant vase à fleurs ; elle est vêtue d'une longue robe nouée

par une ceinture bleue et à larges manches, fond
blanc à ramages, figurant des nuages en bleu,
vert et rouge; elle porte un haut chignon et,
sur le front, une sorte de diadème; elle tient à
deux mains contre sa poitrine un vase à deux
anses côtelé, dont l'orifice est ouvert. — Imari.

132 — Bouteille piriforme à col mince, légèrement
conique, décor en bleu, rouge et or; la panse
est divisée en quatre compartiments contenant
des tiges fleuries de pivoines et de chrysanthèmes. — Imari.

133 — Trois petits vases couverts, en forme de potiche conjuguées, entièrement émaillés en bleu
foncé et reliés par une branche de pêcher en
fleurs, réservée en blanc. — Hizen.

134 — Théière en forme de grenade, à anse quadrangulaire et goulot renflé et relevé à couverte émaillée noire, décorée en relief et en réserve de branchages, fleurs, fruits et papillons
en couleurs et or; sur chaque côté, une réserve
en creux, à bord contourné et doré, simulant
une déchirure laissant voir les graines de la
grenade; l'ouverture, évasée à six pointes, est
fermée par un bouchon en bois. — Imari.

135 — Petite tasse hémisphérique et soucoupe plate
à bord doré, décorées d'une zone quadrillée
d'or sur fond vert, coupée d'un côté par une

femme marchant suivie de sa fille, et de l'autre, par un bouquet de fleurs; au fond de la tasse et de la soucoupe, une fleur de chrysanthème formant rosace et entourée de feuillage. — Imari.

136 — Tasse gobelet et soucoupe décorées en bleu, rouge et or, de grandes tiges fleuries de chrysanthèmes, coupées par une zone bleue à fleurs d'or; bordure de grecques rouges. — Imari.

137 — Plateau décoré en émaux de la famille verte, rehaussés d'or; bord lobé et godronné à compartiments ornés de fonds mosaïques variés et de tiges fleuries, sur lesquels sont jetées des fleurs de chrysanthèmes armoriales; au centre, une tige d'aubépine en fleur, disposée en couronne. En dessous, la date chinoise de *Tching-Hoa* (1466-1488). — Imari.

138 — Assiette à bord lobé et bordure à compartiments ornés de mosaïques variées, fleurs et arbrisseaux en émaux de couleurs où le vert clair domine; au fond, un paysage neigeux avec groupes de bambous et un jeune paysan debout, coiffé d'un grand chapeau et tenant une houe.

139 — Assiette à marli étroit décorée en couleurs et or : légère bordure de rosaces et feuillages; au fond, une divinité portée sur un fong-hoang volant au milieu des nuages. — Kioto.

140 — Bol à quatre lobes; décor extérieur de

grandes grecques mosaïques polychromes mê-
lées à des tiges fleuries rehaussées d'or ; à l'intérieur, de grands rinceaux rouges portant des
feuillages et des fleurs ornementales en rouge
et or, et se développant sur un fond gaufré
représentant les flots de la mer et des fleurs de
pêcher. — Imari.

141 — Deux bols couverts décagones, à ouverture
élargie, à décor polychrome rehaussé d'or de
rochers fleuris ; au centre de l'un des couvercles,
le caractère japonais *Foukou* (Bonheur) ; sur
l'autre, une fleur. — Fizen.

142 — Compotier à six lobes, à bord évasé et
relevé, en porcelaine gaufrée ; bordure tressée,
au-dessus de six compartiments contenant des
fleurs ; au fond, des nuages sur l'un desquels se
tient debout une divinité ; décor polychrome :
un arbre à branches retombantes et chargées
de fleurs. — Imari.

143 — Plateau à bord lobé, composé d'une grue
armoriale aux ailes éployées. — Imari.

144 — Plateau ovale à bord relevé irrégulier, en
terre non émaillée ; au fond, en relief, un lettré
accoudé sur sa table de travail et lisant un livre.
— Tokio.

145 — Cheou-Laô accroupi, tenant un écran de sa

main droite appuyée sur son genou. — Grès brun de Bizen.

146 — Poutaï à demi couché, appuyé sur une outre et tenant un rouleau de la main droite. — Grès brun de Bizen.

147 — Vase d'applique en forme de fleur de pivoine accompagnée de feuillages.—Grès brun de Bizen.

148 — Petite coupe formé par une feuille de nelumbo repliée, rattachée par les bords et sur laquelle est posée une araignée.

149 — Coupe hémisphérique surbaissée à décoration polychrome, sur une couverte blanc jaunâtre craquelée; bordure de bâtons rompus gros bleu à demi-rosaces fond d'or; au fond, dans un encadrement de zigzags bleu, vert et or, un animal chimérique debout au milieu des nuages; à l'extérieur, bordure de rinceaux, culot orné de faux godrons. — Kutani.

150 — Bol campanulé décoré, à l'extérieur, d'une frise à compartiments, fonds jaune et bleu, d'objets sacrés en couleurs; à l'intérieur, des rosaces et des rinceaux. — Kutani.

151 — Bol hémisphérique à bord truité, doré; couverte chamois clair; décor polychrome rehaussé d'or; au fond, un personnage sacré en longue robe et la tête nimbée d'un cercle d'or; près de lui, un enfant tient un vase. —Kioto.

152 — Petit bol hémisphérique; même couverte;
décor polychrome rehaussé d'or, de fleurs et de
graminées; à l'intérieur, une bordure de demi-
rosaces.

153 — Petite tasse campanulée; couverte craquelée
blanc jaunâtre; décor polychrome rehaussé
d'or; au pourtour, un personnage fantastique à
tête d'animal, courant, dans un paysage; à l'intérieur, bordure de dentelures. — Satzuma.

154 — Gourde octogone, à deux renflements et
petit goulot cylindrique, à couverte chamois
finement truitée; entre les deux renflements un
cordon rouge noué; décor de bambous, pins et
pêchers en fleur, en bleu, vert rouge et or. —
Kioto.

155 — Bol ovoïde, à bord plat; couverte chamois
clair truitée et décor polychrome rehaussé d'or;
au pourtour, dans un paysage rocheux, des
personnages sacrés, enveloppés de riches draperies, assis et la tête nimbée d'or; à l'intérieur,
des fleurs ornementales et des rosaces semées.
— Kioto.

156 — Deux coupes hémisphériques surbaissées
à bord évasé et festonné, élevées sur piédouche conique; riche décor extérieur et intérieur imitant l'émail cloisonné; au fond, une
grande rosace à dix divisions fond brun bordées

d'un filet d'or et décorées en couleurs de fleurs ornementales ; au revers, décor analogue ; sur le piédouche, bordure fond jaune à fleurs ornementales. — Porcelaine de Siam.

PORCELAINES EUROPÉENNES

SÈVRES

157 — Porte-huilier à plateau oblong, à bords lobés et dorés de dents de loup, portant deux godets ajourés de palmettes. — Porcelaine tendre de Vincennes.

158 — Assiette à bord lobé et doré, décorée en camaïeu pourpre ; sur le marli, cinq bouquets jetés ; au fond, sur terrasse, un paysage avec une table et des attributs de chasse. — Porcelaine tendre de Vincennes.

159 — Assiette à bord lobé et doré de dents de loup, portant sur le marli six bouquets gaufrés en blanc, reliés par des rinceaux arqués et terminés en palmes. Décor de Baudoin. — Porcelaine tendre de Vincennes.

160 — Pot bursaire à anse, déversoir et couvercle plat ; décor de bordures de dentelles dorées. Dorures de Prévost. Marque : les L enlacés en rouge, surmontés de la couronne. Monture à

charnière en argent doré. — Porcelaine dure de
Sèvres.

161 — Sucrier pour le sucre en poudre, de forme
ovale quadrilobée, à bords dorés de dents de
loup ; couvercle bombé surmonté d'un bouton en
olive doré, et plateau adhérent ; bordure de
perles roses enfilées sur un fil d'or, semé de
barbots ; sur chaque face et à chaque extrémité
du couvercle et du plateau, un médaillon encadré de perles roses et contenant un bouquet de
barbots. Décor de Taillandier. — Porcelaine
dure de Sèvres. 1788.

162 — Tasse cylindrique à anse et soucoupe à bords
dorés, fond vert d'eau et médaillon réservé encadré d'un large filet doré et contenant un bouquet de roses. Décor de Le Bel. — Porcelaine
dure de Sèvres. 1775.

163 — Tasse cylindrique à anse en S et soucoupe, décorées en or d'un bord de dents de loup et d'une
bordure de fonds partiels à écailles et quadrillages, entre lesquels sont placés des têtes de
profil encadrées de guirlandes laurées. Marque
couronnée en bleu sous couverte. — Porcelaine
dure de Sèvres.

164 — Très petite tasse cylindrique à anse et soucoupe, décorées en or de bouquets jetés et de

bordures de rinceaux feuillus. Décor de Dubois.
— Porcelaine dure de Sèvres. 1779.

SAINT-CLOUD

165 — Petit sucrier cylindrique à deux anses en
ailerons, à décor en relief de branchage fleuri
imitant le blanc de Chine. — Porcelaine tendre
de Saint-Cloud.

166 — Pot à crème à décor analogue. Marque :
$^{st}_{T}{}^{c}$ gravée en creux. — Porcelaine tendre de
Saint-Cloud.

167 — Coquetier élevé sur piédouche, à culot et
bordure godronnée; décor de lambrequins en
bleu. — Porcelaine tendre de Saint-Cloud.

168 — Tasse ovoïde à anse, à culot godronné et
soucoupe à galerie centrale entourée de godrons; décor de bordures fleuronnées en bleu.
Marques : sous la tasse, $^{st}_{T}{}^{c}$; sous la soucoupe,
un J. — Porcelaine tendre de Saint-Cloud.

CHANTILLY

169 — Petit pot à eau à corps lobé et couvercle
jouant sur une charnière en argent, et petite
cuvette en forme de feuille, à bord de chicorée
vert pâle ; décor polychrome, de style japonais,
de tiges fleuries et d'oiseaux. Marque au cor de

chasse en rouge. — Porcelaine tendre de Chantilly.

170 — Ravier oblong à extrémités lobées et côtés déprimés, portant deux anses surélevées ; décor de tiges fleuries polychrome de style japonais. Marque au cor de chasse en rouge. — Porcelaine tendre de Chantilly.

171 — Bourdaloue à bords déprimés ; décor polychrome de style japonais : un animal fantastique jouant avec une boule attachée à des rubans et une tige fleurie. Marque au cor de chasse en rouge. — Porcelaine tendre de Chantilly.

172 — Flacon à corps cylindro - ovoïde et col cylindrique ; décor polychrome de personnages pseudo-chinois et rocher fleuri. Marque au cor de chasse en rouge. — Porcelaine tendre de Chantilly.

173 — Petite potiche décorée en relief d'une tige fleurie polychrome. — Porcelaine tendre de Chantilly.

174 — Petit sucrier hémisphérique à deux anses latérales et couvercle bombé ; décor polychrome de style japonais : des fong-hoangs, des perdrix et des fleurs. Marque au cor de chasse en rouge. — Porcelaine tendre de Chantilly.

175 — Petit pot à crème couvert, à décor poly-

chrome dit à la haie. — Porcelaine tendre de Chantilly.

176 — Petite tasse à anse, à bord festonné et décor polychrome dit à la haie. Marque au cor de chasse en rouge. — Porcelaine tendre de Chantilly.

177 — Assiette à bord lobé, marli à compartiments, décoré de reliefs imitant la vannerie ; au fond, une tulipe et des fleurettes en bleu. Marque au cor de chasse en bleu. — Porcelaine tendre de Chantilly.

MENNECY

178 — Coupe basse en forme de corbeille conique à deux anses torses. Marque : D. V. en creux. — Porcelaine tendre de Mennecy.

179 — Pot à pommade cylindrique couvert, à décor en relief de branchages imitant les pièces de blanc de Chine. — Porcelaine tendre de Mennecy.

180 — Petit plateau quadrilatéral, à angles tronqués et festonnés, à cuvette ronde décorée en couleurs, de gerbes, de graminées et de fleurettes de style japonais. Marque D. V. en creux. — Porcelaine tendre de Mennecy.

PARIS ET MARSEILLE

181 — Écuelle hémisphérique à deux anses entre-
lacées et dorées, couvercle bombé surmonté
d'une poignée dorée formée par une tige feuillue, et plateau à bord lobé et doré; décor de
bordures à petits caissons encadrés d'entrelacs
carminés et contenant une rosace dorée. En
dessous, double marque : un M couronné et un
chiffre entrelacé. Fabrique de Monsieur, comte
de Provence. — Clignancourt.

182 — Jatte à quatre lobes et bord festonné et doré;
décor de bouquets polychromes jetés. En dessous, deux flèches croisées, marque de la
fabrique de Locré. — Paris.

183 — Petit sucrier cylindrique à bords dorés de
dents de loup, et couvercle légèrement bombé
à bouton plat orné d'une rosace dorée. — En
dessous, un R, marque de Robert, de Marseille.

PORCELAINES DIVERSES

184 — Chocolatière cylindrique, à couvercle plat
capsulaire, percé d'un trou rond et manche laté-
ral en bois; décor polychrome de style japonais,
dit à la haie. Garniture en cuivre doré. — Porcelaine de Saxe.

185 — Théière sphérique surbaissée à goulot tubu-
laire et anse en poignée, et deux tasses campa-
nulées et soucoupes décorées de bordures de
fleurons polychromes en relief, et de tiges fleuries, oiseaux et insectes en couleurs à rehauts
d'or. — Porcelaine de Saxe.

186 — Deux assiettes creuses à bord festonné et
doré de dents de loup, décorées en vert; au
centre, un bouquet, dans un encadrement doré,
d'où partent douze tiges rayonnantes enroulées
de guirlandes. — Porcelaine de Saxe.

187 — Assiette à bord lobé et doré; sur le marli,
un ruban bleu frangé d'or enroulé sur une
étroite guirlande laurée en or; au fond, une
touffe de feuillage à fleurettes roses, sur laquelle
est posé un oiseau. En dessous, la marque :
M : o L. — Porcelaine d'Amsterdam.

188 — Figurine de jeune berger debout sur une
terrasse de rocailles, le bras gauche appuyé sur
un tronc d'arbre couvert de fleurs et de feuillages, la main droite sur la hanche; il est vêtu
d'un habit rose doublé de vert, d'une culotte
jaune et d'un gilet; près de lui, un chien blanc
assis. — Porcelaine de Chelsea.

189 — Beurrier en forme de baquet ovale à couvercle surmonté d'une poignée et plateau à
quatre pointes, décorés d'une bordure composée

d'un ruban rouge enroulé autour d'une tige feuillue en or. Marque : un D couronné en rouge — Porcelaine de Crower Derby.

190 — Petite potiche ovoïde côtelée à col cylindrique et couvercle bombé surmonté d'une fleur, décor de fleurs jetées, bordures alvéolées en bleu et filets d'or. — Worcester.

191 — Deux petites assiettes à bord carminé et décor de bouquets. Marquées d'un A. — Porcelaine tendre d'Alcora.

192 — Assiette à décor de style japonais ; bordure de fleurs réservées en blanc sur fond bleu, à quatre réserves de fleurs en rouge ; au fond, un bouquet de marguerites et de pavots. — Porcelaine de la Doccia.

193 — Tasse ovoïde à anse et soucoupe à bord doré de dents de loup ; décor en camaïeu carmin ; sur la tasse, un paysage ; au premier plan, une femme nue se dispose à prendre un bain ; près d'elle, un homme assis enveloppé d'une draperie ; sur la soucoupe, Vénus et l'Amour. — Porcelaine de la Doccia.

FAIENCES FRANÇAISES ET ÉTRANGÈRES

194 — Assiette à étroite bordure polychrome, de style chinois; au fond, un écu ovale d'azur à fleurs de lis d'or sans nombre, portant, au centre, une croix blanche (sans doute le blason d'une abbaye), entouré d'une palme verte et d'une branche d'olivier (?) nouées à la base par un ruban rouge. — Rouen.

195 — Assiette à bord festonné, décorée de bouquets polychromes jetés ; dans le principal, une rose et une tulipe. — Rouen.

196 — Assiette à riche décor bleu, de style rayonnant; au fond, une grande rosace à huit divisions et motifs alternés à fleurons et pendentifs ; sur le marli, bordure de palméttes et fleurons formant lambrequins. Marque : $^{C\ H}_{W}$. — Rouen.

197 — Assiette à marli étroit, décor bleu foncé avec rehauts de jaune orangé; au fond, une couronne formée par des festons fleuronnés disposés en guirlandes ; sur le marli, bordure de fleurons répétés. Marque : M S en bleu. — Rouen.

198 — Beurrier cylindrique à deux anses latérales en S et couvercle légèrement bombé surmonté d'un bouton jaune cerclé de rouge ; décor poly-

chrome de branchages fleuris, dans le style des pièces à la corne. — Rouen.

198 *bis* — Porte-huilier ovale, à deux anses formées par des masques de femme, décor analogue à celui de la pièce précédente. — Rouen.

199 — Assiette à bord de chicorée bleu rehaussé d'or ; décor polychrome ; sur le marli, petits bouquets jetés ; au fond, médaillon circulaire encadré d'une guirlande de fleurs et de fruits, et contenant, en camaïeu rose pourpré, un sujet maritime avec embarcations et personnages. — Marseille.

200 — Deux assiettes à bord festonné, décorées de bouquets de fleurs jetés. — Marseille.

201 — Pot à eau couvert, monté en argent, et cuvette oblongue lobée ; décor polychrome de sujets pseudo-chinois, sur terrasse, rappelant la décoration des faïences de Strasbourg. Sous le pot à eau, l'inscription : *Ferrat, à Moustiers.*

202 — Assiette à bord dentelé et godronné, orné d'un filet vert, et décor de personnages pseudo-chinois de la même école que la pièce précédente. — Moustiers.

203 — Assiette à huit pans, à bord lobé et décor polychrome ; sur le marli, bordure de guirlandes séparées par des fleurons en pendentifs ; au centre : *Persée et Andromède,* dans un mé-

daillon circulaire encadré d'une guirlande de fleurs. — Moustiers.

204 — Assiette à couverte bleutée, portant sur le marli une bordure de grosses fleurs en blanc d'engobe ; au fond, un paysage en bleu. — Saint-Amand.

205 — Deux statuettes assises et placées sur des soubassements quadrangulaires : Minerve, entourée d'attributs des sciences et des arts ; Mars, entouré d'attributs guerriers. Terre blanche de Lorraine.

206 — Vase de pharmacie de forme cylindrique déprimée, à décor de grands rinceaux bleus ; sur la face, deux écus d'alliance. — Deruta.

207 — Plateau élevé sur piédouche, décor bleu ; au centre, dans un médaillon circulaire, un écu armorié entouré de lambrequins ; autour, trois médaillons ovales contenant des grues volant, et séparés par des groupes de tiges fleuries. En dessous, l'écu de Savoie, timbré d'une couronne fermée, marque de la fabrique de Turin.

208 — Deux vases de pharmacie de forme cylindrique légèrement déprimée, à col court et ouverture évasée, décor bleu ; sur la face, cartouche contourné orné de feuilles d'acanthe, portant, sur l'un : *Resina Caran* ; sur l'autre : *S. Peoniæ* ; de chaque côté, entourés d'orne-

ments, mascarons, guirlandes, pot à feu, vase
de fleurs, etc. ; des figures placées sur des sup-
ports ; sur l'un, deux femmes portant des fau-
cons ; sur l'autre, deux hommes jouant du tam-
bour de basque. — Alcora.

209 — Pot à anse, à corps turbiné et col cylindrique, et ouverture élargie à bord dressé ;
décor polychrome de grands rinceaux feuillus à
grosses fleurs entourant un médaillon à encadrement carminé, en forme de cœur enflammé,
et contenant un vase de fleurs. Monture en
étain. — Faïence de Nuremberg.

210 — Assiette creuse à bord lobé, ornée de rinceaux noirs et d'une bordure chicorée verte ;
décor de fleurs jetées. — Kiel.

211 — Assiette à bord festonné et lobé cerné d'un
filet saillant ; décor de bouquets jetés, en couleurs pâles et chatironnés de noir. — En dessous, marques de la fabrique de Rorstrand.

GRÈS

212 — Gargoulette émaillée en bleu, à corps ovoïde
à deux déversoirs et anse supérieure en arcade
trilobée. — Grès de Beauvais.

213 — Pot à anse bursaire à panse hexagone, entièrement émaillé en gros bleu. — Grès de Beauvais.

214 — Canette cylindro-conique à trois divisions; sur la face, scènes de la Passion; à gauche, dans des médaillons, Charles-Quint et Alexandre, avec la date 1577; à droite, un pape et saint Jean-Baptiste. — Grès blanc de Siegburg.

215 — Pot à anse à corps sphérique, piédouche et col cylindrique à ouverture élargie et déversoir; sur la face, un écu armorié, entouré de deux palmes. Monture en étain. — Grès blanc de Siegburg.

216 — Pot à anse de même forme plus petit; sur la face, une armoirie d'abbé. Monture en étain. — Grès blanc de Siegburg.

217 — Pot bursaire à anse, fond noir, décoré en couleurs, divisé en panneaux séparés par des cordons de petites rosaces; sur celui de la face, un buste d'homme en perruque, rabat et baudrier; à la base et au sommet, séries symétriques de palmettes en bleu, rouge et blanc; traces de dorures. Monture en étain. — Grès de Creussen.

218 — Pot de même forme et aux mêmes couleurs, à bandes en spirale; sur la face, un bouquet; palmettes alternativement bleu et blanc, et rouge et blanc. Monture en étain. — Grès de Creussen.

219 — Pot sphérique à anse, émaillé en noir, décoré
de bandes en spirale à petits quadrillages, séparées par des torsades. Monture en étain. — Grès
de Creussen.

220 — Petit pot cylindrique émaillé en brun noir,
décoré d'une frise de quadrillages entre deux
bordures de chaînons. Monture en étain. —
Grès de Creussen.

221 — Pot à anse à corps cylindro-ovoïde, piédouche et col cylindrique à côtes horizontales;
au pourtour de la panse, une frise de danses de
paysans. — Grès de Raeren.

222 — Pot à anse, à corps ovoïde portant une large
bande cylindrique à arcades renfermant les sept
électeurs tenant devant eux leurs blasons; piédouche et col cylindrique orné d'une frise ornementale. — Grès brun de Raeren.

223 — Pot cylindro-conique décoré de cariatides et
de trois médaillons à riche encadrement conte-
tenant un mascaron et deux figures. — Grès
brun foncé de Raeren.

224 — Pot à tabac ovoïde à quatre côtés aplatis
formant de grands médaillons ovales, avec motif ornemental de mascarons, draperies, etc.;
au-dessus, des figures de divinités mytholo-
giques et un Christ en croix. — Grès brun de
Raeren.

225 — Pot à anse, piriforme à piédouche; sur le col, mascaron à longue barbe (figurant, dit-on, le cardinal Bellarmin); sur la panse, trois médailles ovales contenant un écu armorié. — Grès brun de Raeren.

226 — Petit pot à anse de forme cylindro-conique légèrement renflée, décoré de trois médaillons séparés par des rosaces, et contenant : saint Sébastien, saint Michel et une autruche. — Grès brun de Raeren.

227 — Pot à tabac ovoïde à quatre faces aplaties décorées en bleu et gris, de médaillons contenant l'aigle à deux têtes d'Autriche et un lion tenant la foudre et une épée, avec la devise : *Da pacem Domine*. — Grès de Grenzhausen.

228 — Pot à anse, émaillé en bleu et gris, à corps ovoïde cerclé d'une frise de soldats portant des arquebuses, culot cannelé et col cylindrique à frise d'arabesques. — Grès de Grenzhausen.

229 — Petit pot à anse, émaillé en bleu et gris, à corps ovoïde et col cylindrique orné de mascarons et de fleurons; culot cannelé. — Grès de Grenzhausen.

230 — Petit pot à anse, émaillé en bleu et gris, à corps ovoïde cannelé et col cylindrique orné d'une torsade. — Grès de Grenzhausen.

231 — Pot à anse, émaillé en gris et bleu ; à piédouche, corps ovoïde semé de petites rosaces et
col cylindrique à déversoir orné d'un mascaron.
— Grès de Grenzhausen.

232 — Pot de même forme, à décor gris et bleu,
sur fond de manganèse, de grands rinceaux à
fleurs ornementales parmi lesquels se trouve un
oiseau. — Grès de Grenzhausen.

233 — Pot à anse, à corps ovoïde entièrement
émaillé en bleu et décoré d'imbrications gravées.
— Grès de Grenzhausen.

234 — Pot cylindrique émaillé en brun rouge, portant sur la face un médaillon ovale contenant un
écu armorié. — Monture en étain.

235 — Pot à anse à corps ovoïde, couvert, émaillé
en brun feuille morte et décoré de reliefs en
blanc jaunâtre ; sur la face, l'aigle de Prusse
surmonté de la couronne ; sur les côtés, des
rinceaux à grosses fleurs. — Grès de Bunslau
(Poméranie).

VERRERIES

236 — Pot à anse à corps ovoïde et col s'évasant
en déversoir ; verre bleu émaillé en couleurs ;

sur la face, une femme en costume Louis XIV, tenant un bouquet et occupant le centre d'un encadrement de feuillages symétriques.

237 — Pot de même forme en verre bleu émaillé en couleurs; sur la face, un cartouche contenant un cœur sur lequel sont posés deux oiseaux; au-dessus et au-dessous, bordures de rinceaux. — Monture en étain.

238 — Pot de même forme plus petit, en verre bleu émaillé en couleurs; décor de fleurs ornemenmentales.

239 — Petit pot de même forme en verre opalin. — Monture en étain.

240 — Vase en forme de calice couvert renflé au culot et élevé sur piédouche; verre opalin émaillé en couleurs; sur la face, un médaillon contenant un personnage chinois; guirlandes et bouquets.

241 — Deux très petits vases de forme et décor analogues.

242 — Chope cylindrique en verre opalin émaillé en couleurs; sur la face, un paysage; sur les côtés, des bouquets. — Monture en étain.

243 — Chope analogue; sur la face, un chiffre enlacé, surmonté d'une couronne et encadré de deux palmes en sautoir; sur les côtés, des bouquets.

TISSUS ET OBJETS DIVERS

244 — Grande pente en satin vert, bordée d'un galon et brodée en soies de couleurs et or, de personnages et de fleurs : Audience impériale. Travail chinois.

245 — Grande pente en drap blanc à trois divisions longitudinales séparées par de riches galons, et brodée en soies de couleurs et or d'animaux chimériques, attributs sacrés, etc. Travail chi-chinois.

246 — Deux lambrequins en satin amarante richement brodés de personnages en or et soie, de couleurs. Travail chinois.

247 — Deux bandes de satin noir, brodées de personnages en soies de couleurs. Travail chinois.

248 — Grand morceau de lampas fond vert côtelé à grands ramages brochés d'ornements blancs et de bouquets polychromes. Louis XV.

249 — Fragment de tapisserie de la Renaissance, représentant Ève et le serpent.

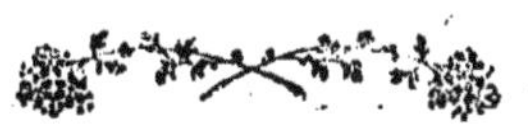